갈대

갈대

초판 1쇄 발행 2025년 4월 21일

지은이 지경근
그림 이지선
펴낸이 장길수
펴낸곳 지식과감성#
출판등록 제2012-000081호

교정 김나현
디자인 김희영
편집 김희영
검수 이주희, 정윤솔
마케팅 김윤길

주소 서울시 금천구 벚꽃로298 대륭포스트타워6차 1212호
전화 070-4651-3730~4
팩스 070-4325-7006
이메일 ksbookup@naver.com
홈페이지 www.knsbookup.com

ISBN 979-11-392-2541-9(03810)
값 10,000원

갈대

지경근 시집

이지선 그림

지식과감성#

지은이의 말

서울에서 출생하고
학창 시절은 전주에서 보내고
대학에서 국어교육을 전공,
오랜 기간 동안 써 온 낙서들을
책으로 만들어 보고 싶었고,
나이가 들어 가면서 적극적이지 못하게 되어
영원히 책으로 만들지 못할 것 같아
이제라도 책을 출판.
나의 삶에 시간이 되고 글이 되어 준
모든 사람들에게 감사하다.

차 례

2부

1부

가을의 길

나는 지금
다가올 겨울을 생각하며
가을의 길에 서 있습니다.

사람들은
가을을 노래하지만
나는 이 가을을 고통과 함께합니다.

가을의 길
이 길은 많은 사람에게
사랑과 눈물을 주며
짧은 기간을 보냅니다.

가을의 화려함,
그 속의 숨겨진 고통을
많은 사람들은 알지 못합니다.

나는
낙엽과 함께

길을 거닐며
고통을 나누고 있습니다.

이 길을 지나
더 나은 길을 향해
고통의 길을 지나고 있습니다.

사막의 끝을 향하여

내가 멈춰 선, 사막

모래바람과 따가운 햇볕은
나의 발걸음을 힘들게 합니다.

바람과 햇볕을 피하기 위해선
사막을 벗어나야 합니다.

얼마 남지 않은 오아시스를 바라보며
나의 지나온 발자국을 바라봅니다.

나는 사막을 벗어날 수 없기에
나의 발걸음을 더욱 재촉합니다.

머지않아 볼 오아시스를 향하여

화장

온갖 내 삶의 고뇌들을 합한
그 많은 일들이
이 한 줌으로 날아갈 것이다.

이 한 줌만이 나의 많은 고뇌들을
이야기하고 보여 줄 뿐이다.

이것들과 함께
나의 모든 고뇌들은 날아간다.

이것은 언제 어디에 떨어질지
누구도 모를 것이다.

이것들이 날아가 떨어지는 곳에도
나와 같은 사람이 있을지.

그렇다면
이것이 그들과 함께
또 다른 곳에 날아갔으면 한다.

갈대

부드러운 갈대가 되고 싶다.
힘 센 바람에 이끌려 비틀거리는 갈대가……

비틀거림으로 존재할 수 있는 갈대가 되고 싶다.

바람에 대항해서 싸우는 나무보다
바람과 어울리는 갈대가 되고 싶다.

바람과 싸워 쓰러지는 나무보다
자신을 굽힐 줄 아는 갈대가 되고 싶다.

남들은 자신을 굽힌다고 비난하는
그러나 그것으로 가치 있는 갈대가 되고 싶다.

그냥 바람에 몸을 맡길 수 있는
편안한 갈대가 되고 싶다.

주변의 다른 풀들과 뒤섞이는
변화하는 갈대가 되고 싶다.

힘없이 쓰러져도 바람으로
움직일 수 있는 갈대가 되고 싶다.

거울을 보는 마음

매일 아침이면
바라보는 거울 앞에서
떠오르는 마음

남에게
나의 잘남을 뽐내기 위해
나를 치장하기보다

나의 부끄러움을 통해
다른 사람이 죄짓지 않기를
바라는 마음

거울을 보는 마음들이
모두 같아지기를
소망한다.

한숨

한숨을 쉰다.

얼마나 더 많은 한숨을
쉬어야
얼마나 더 쉬어야
끝날까

이 많은 한숨들이 끝나는 날
웃음이 나올지 모른다.
하지만
웃을 수 없을 것이다.

그날엔
다른 이들의
울음을 듣게 될 것이다.

밤

쉽게 닿지 않는 곳에서 가만히 침묵하며 웃고 있다.
잡을 수 없어 작대기로 내리치고
발로 밟아 쑤셔 내 빼낸 삶.
좁아터진 곳에 들어가 터진다.
삶에는 상처.
상처 없는 삶은 터진다.

인생

인생

(人生) [명사]

1. 사람이
   세상을 살아가는 일
2. 어떤 사람과 그의 삶 모두
   를 낮잡아 이르는 말
3. 사람이 살아 있는 기간

인생

(忍生)

참고 견디며 살아가야 하는 것

살아가는 것은 참고 견디는 일

인생

세상을 참고 견디며 살아가야만

사람, 인간

사람

사람은 무서운 동물이다.
사람은 신기한 동물이다.
사람은 차가운 동물이다.
사람은 변하는 동물이다.
사람은 사랑하는 동물이다.
사람은 마음을 가진 동물이다.
사람은 사랑스러운 동물이다.
이 때문에 사람은 최고의 동물이 되었을지 모른다.

시를 쓰자

시를 쓰자
시를 쓰자
생각이 떠오르지 않는다.
시를 쓰자.

시를 쓰자
시를 쓰자
의무감으로 쓰는 시……
시를 쓰자.

시를 쓰자
시를 쓰자
어려운 시, 깊은 시
시를 쓰자.

시를 쓰자
시를 쓰자
너무 힘들다. 어렵다
시를 쓴다는 것은
시를 쓰자.

눈길

눈길을 걷는다.
걸어온 걸음을 바라본다.
발자국은 없다.
무엇 때문에
무엇을 보며 걸었는지
알 수 없다.
발자국도 남지 않는 길을 왜 힘들여 걸었는지 모르겠다.

힘들여 걸어도 발자국은 남지 않고 지쳐 간다.
발자국을 남기고 싶다.
추억과 경험, 과거를 남기는 일은 쉽지 않다.
더 나아가야 하는지 모르겠다.
이런 일의 반복은 언제쯤 끝날지 알고 싶다.
나의 집에 들어가는 날
나의 지나온 길을
다시 바라볼 것이다.

자유로운 영원

낯선 곳에 갇혀 울음소리를 듣는다. 몸이 들려 다른 곳으로 떠난다. 머리카락, 손과 발, 얼굴에 열기를 느낀다. 조금씩 녹아 간다. 껍데기는 사라졌다. 진정한 나의 모습이 나타난다. 뼈대가 조금씩 사라진다. 이제 남은 건 없다. 완전한 나의 모습은 사라진다. 어느 누구도 알아볼 수 없는 형태이다. 이제 나는 완벽한 모양을 갖게 되었다. 다른 이의 마음속에 영원히 남을 수 있게 되었다. 껍데기를 버림으로써 영원히 살아갈 수 있게 되었다. 이제 다른 곳으로 가야 한다. 이렇게 남은 마지막 나의 껍데기의 모든 것이 버려지는 곳으로 따라간다. 슬퍼하는 이의 손에 마지막 껍데기가 담긴다. 이제 완전한 자유를 위해 세상에 뿌려진다. 이제 자유다. 다른 이의 마음에 영원한 나와 완전한 자유의 내가 살아간다. 슬퍼하는 이에게 미안하다.

사는 법

떠나라, 당신의 가장 익숙한 곳에서
보여라, 당신의 가장 연약한 부분을
웃어라, 당신의 가장 슬픈 순간에
멈춰라, 당신의 삶에서 가장 선두에 섰을 때
울어라, 당신의 옆에서 눈물 흘리는 자와 함께
즐겨라, 당신이 가장 고통 느낄 때
그리고
사랑하라. 당신의 모든 것을, 당신 옆의 모든 것을

눈 내리는 길 위에서

혼자 달리는 눈 오는 고속도로
추억이 하나씩 내게 온다.
내리는 눈송이 하나에 눈 내리던 타국의 나
날리는 눈송이 하나에 그곳에서 보낸 편지
그리고 편지 속 그리움, 사랑

겨울은 춥다.
사람이 생각나서 춥고 보고 싶어 춥고
하얀 눈이 떨어지면 눈물이 되고
눈에도 눈물이 맺힌다.

아직도 혼자인 길
눈이 계속 내리고 있다.
눈이 좋다.
어쩌면 눈 내리는 길은 추억 여행인지 모른다.

눈이 내리면 생각나는 사람, 추억, 사랑

바라보아야 아름다운 눈

구름에 갈 수 있어 새를 부러워했다.
자유롭게 날아다니기에 새를 부러워했다.
하지만

언젠가 느끼게 되었다.
새도 구름을 볼 수 없음을, 만질 수 없음을.
새도 자유롭지 않음을.
나는 것이 고통임을 알게 되었다.

우리가 바라보기에 더욱 아름다운 것이 있지. 다가가면 사라지고 만질 수 없는 그런 것들이 우리의 눈에 아름답게 보이지. 아주 아름다운 모습으로 말이야.

걷어 낸 구름

하늘에 가득 찬 뭉게구름을 바라보며
나의 삶을 생각한다.
나의 꿈과 같은 뭉게구름이 삶에 가득 차
파란 하늘이 보이지 않아
나의 꿈과 뭉게구름이 사라지면
하늘을 바라보게 해
하얀 뭉게구름이 걷힌 파란 하늘.
우리의 마음도 그렇지 않을까
없어지는 구름과 꿈.
그 사이로 보이는 하늘

눈 밟는 소리

동심으로 돌아가는 소리. 책 표지에 시간이 담기는 소리. 유리창에 추억을 만드는 소리. 사람이 부딪는 소리, 맞닿은 소리, 서로의 몸을 기억하는 소리.

단상斷想

마음을 흔들리게 하는 말, 마음에서 나오는 말, 마음을 흔들리게 하는 마음. 마음을 굳히는 행동. 마음을 움직이게 하는 눈빛. 가슴을 뛰게 하는 만짐. 마음을 차분하게 하는 향기. 머릿속에 기억되는 맛.

자정子正 또는 자정自淨

나를 깨끗하게 하는 시간

하루가 끝나는 동시에 하루가 시작되는 시간

살자!

죽는 것은 즐거운 일일지 모른다.
모두 다 버릴 수 있는 것
아픔을 느끼지 못하는 것
나쁜 일이 일어나지 못하는 것

죽는 것은 사랑스러운 일일 것이다.
영원히 기억할 수 있는 것
영원히 기억될 수 있는 것

당신, 죽는 것을 느껴 보라
죽고 싶다는 생각이 있는가
언젠가 죽을 것이다

좋은 시기에 좋은 기억이 될 수 있게 죽자.

깊어 가는 나이

가을이 깊어 간다.
낮은 짧아져 가고 내 키는 작아져 간다.
밤은 늘어지고 내 배도 따라간다.

자연을 따라 사는 삶
쌀쌀해지는 날씨에 내 맘은 쌀쌀해지지 않길 바란다.

장마

하루 종일 비가 내린다. 더웠던 아니 더운 여름을 보낸다.

내린 비로 촉촉하다 못해 축축하고 출렁거리기까지 한 세상.

그래서인가?

나의 마음도 출렁거리며 파도를 만든다. 어느 한 곳으로 자리 잡지 못하고 이리저리.

움직이는 마음도, 삶의 육체도 쉬고 싶다.

움직이고 싶은 마음도 크고 발이 들썩이지만 정박되어 편안히 쉬고 싶다.

버티는 것이 이기는 것

목구멍까지 차올라도
쏟고 싶어도
쏟아 내고 싶어도
삼키고 또 삼킨다

참아야 하니까. 난,

담고 담아서
안고 안아
품고 품어
그래, 잘하고 있어.

나는 바보입니다

나는 바보입니다.

나는 바보입니다. 삶을 미워하는 나는 바보입니다.

나는 바보입니다. 죽음을 사랑하는 나는 바보입니다.

나는 바보입니다. 세상을 살아가는 나는 바보입니다.

나는 바보입니다. 사람을 좋아하는 나는 바보입니다.

나는 바보입니다. 시간을 파는 나는 바보입니다.

나는 바보입니다. 사랑을 두려워하는 나는 바보입니다.

나는 바보입니다. 바보입니다. 바보입니다.

나는 정말 바보입니다.

바람맞는 시

바람 맞고 싶어
바람을 찾아가
차창 밖에 손을 내밀면
손가락 하나하나 사이사이마다
만져 준다.
반갑다고
오랜만이라고
힘내라고
기다렸다고
또 오라고

보온공 1

- 뜨거운 H

우리는 더위로 출근해
계획한 일이 아닌 계획된 일을 하러
H에게 갔다

P K 5S
몇 달 전의 혼돈은 사라지고
쓸쓸한 낯섦과
5S의 흐느끼는 소리 속에서
H는 몸을 두드렸다.

탕 탕

긴소매 옷과 마스크로 무장하고
H를 감싸고 있는 것을
벗겨 내기 시작한다.

비교적 단단한 겉옷, 그 속엔
먼지가 날리는 두꺼운 겉옷, 마지막으로

얇고 튼튼한 그물
그리고 뜨거운 H

처음이 아닌 그렇다고
마지막도 아닌 이런 일
H는 힘들어 보였다.

더위와 우리만큼

보온공 2
- 태양 vs. 발전소

발전소 꼭대기에서 하늘을 바라보고
태양과 씨름하는 열기를 덮어 주러 간다.
함께할 녀석들은 보기 좋게 서 있다.
녀석들을 차에 태운다.
어라, 제법 무겁네? 옮기려면 고생 좀 하겠군.

발전소. 엘리베이터 발견. 다행이군.
녀석들과 탑승, 상승, 하차.
특기별로 일렬종대

쾅쾅 드르르 윙

이제 집에 가자. 비가 온다. 팔도 사나이

보온공 3
- 해체 혹은 철거

며칠째 P K 최대의 철거
온몸을 무장한 채 양털 같은 녀석들과
이젠 요령이 생긴 시점

더운 날씨 때문인가?
주위에선 부부젤라 소리로
우리를 응원한다.

승리

누구와의 승리인가
녀석들? 날씨?
아니야. 나와의 싸움에서 승리지.

UBMK SCHOOL
- 2009년 9월의 학교

음악실에서 들려오는
5학년 아이들의 동요 소리
피아노에 맞춰 오르락내리락

복도에는 참고운반 아이들의
세상의 근심을 떨쳐 버리는 웃음소리
가장 소중한 사람을 부르는 울음소리

창밖 교사 뒤편에는 어느 누구도
눈길을 주지 않지만 자신을
예쁘게 가꾸어 놓은 코스모스

이 모든 것을 느낄 수 있는
이 학교가 사랑스럽다.

서울 가는 길

나의 몸은 버스와 서울로 현실로

나의 마음은 음악과 먼 곳으로 더 먼 곳으로

추억이라는 이름으로 떠오르게 되는 것들이 많다.

그 추억을 떠오르게 하는 많은 것들. 음악, 일기장, 연필과 종이. 그리고 내 옆의 누군가.

가끔 하늘을 바라보는 것과 같이 현실 속의 고민이 아닌 추억에 잠기는 것도 좋다.

내 옆의 누군가와 추억 속의 누군가를 만나는 시간

일 년의 기다림

아내의 배에서
움직임을 느낀다

녀석을 만나기까지의 시간
세 달

새삼스레 조상의 지혜를
생각하게 되는 밤

열 달 동안 자신의 존재를
나타내는 생명

태어나자마자 한 살의 지위를
부여해 주는 것은 지나치지 않다.

짝사랑

삼 인 가족이 된 지
어느새 7개월

아이는 어미의 몸속에서
자신을 나타낸다

톡 톡 툭툭툭
어미의 배를 진동시키는 생명

아비는 그런 자식에게
손을 내민다.

조용해지는 녀석
아비의 짝사랑은 이렇게 시작되는구나

세움

내 품에 가만히 엎드려 있는 녀석

얼굴과 손, 다리, 발까지 모두 안긴다.

조그마한 이 녀석, 언제 아빠와 놀 수 있을까?

내 품에 안겨 편안히 잠드는 녀석이 좋다.

나의 손에는 반응하지 않던 태아의 시절은 모두 잊는다.

그 서러움은 모두 사라져 나의 품에 잠든 녀석이 너무나 사랑스럽다.

녀석의 따뜻한 온기가 나의 가슴, 나의 마음을 따뜻하게 만든다.

2부

돌아옴

삶은 항상 그 자리. 세상은 빙빙, 빙빙.
나는 돌고 돌아
걷고 또 걸어 결국은 제자리.
전진, 성숙, 성장하고 있다 생각하지만 모자란
여전히 어린아이.
순수함을 잃어 가고 있는 어린아이

당신께 다가가는 것도 나에겐 회전목마
아니 롤러코스터.
빠른 속도로 당신께 달려가지만
그만큼의 속도로 달아나 버리는 나.
다시 달려가고 떠올리지만
지나치고 지나쳐 가까워질 수 없는 거리감.

역시, 세상은 보는 것만이 즐거워.

대답해 주세요

당신의 삶 속에 살고 싶어요.
당신의 모습, 항상 간직하고 싶어.
누군가는 산이 보고 싶지 않아 산속으로 들어갔다지만,
나는 당신이 그리워 당신에게.

당신의 삶 속에 살고 싶어요.
언젠가 당신이 그리움에 슬픔에 허덕일 때 당신 삶 속의 나를 바라보도록.

당신의 삶 속에 살고 싶어요.
나의 마음에 당신이
나의 삶에 당신이 살고 있으나
당신 삶 속에 내가 살지 못하는 이유는 무엇일까요

사랑 1

사랑이란,

다가갈수록 멀어지고 멀어질수록 그리워지고, 다가갈 수밖에 없어.

그리워지고 그리워져서 생각나고 또다시 생각나

사랑 2

사랑은 물결에 비친 너의 모습. 너의 모습을 볼 수 있지만 가까이 다가가면 흔들리고 있어.

사랑 3

사랑은 안개와 같아 손에 잡히지 않고 앞이 보이지 않지만, 당신의 사랑으로 안개가 걷히고 앞을 보게 되며 우린 서로의 손을 잡을 수 있게 됩니다.

고백

사랑합니다
사랑합니다
사랑합니다
아직도
이야기하지 못한 채

사랑합니다
사랑합니다
사랑합니다
맘속에 되새깁니다.

사랑합니다.

당신을 사랑합니다.

고백 두 번째

사랑합니다.
나는

당신을
사랑합니다.

당신과 만나는 나

환한 햇살이 반기는 날, 당신을 만나고 싶어요. 햇살보다 더 눈부신 당신의 모습을 느끼고 싶어요.
찌푸린 하늘이 외로운 날, 당신을 만나고 싶어요. 우울한 날씨를 환하게 비추는 당신의 미소를 보고 싶어요.

이별 1

우리가 만든 많은 추억과 너와 내가 함께했던 시간, 우리의 마음이 하나가 될 수 있었던 일, 함께한 장소 이 모든 것이 너와 나의 마음에 새겨지고 각자 다른 길을 가더라도 혹 다시 만나면 그것들을 가지고 이야기할 수 있게 우리의 마음에 담고 살자. 너와 나의 힘든 일들이 모두 잊히고 우리의 행복했던 시간만을 기억하자.

넌 나와 같이 있지 않지만 난 우리의 많은 시간, 너에 대한 감정, 이 모든 것들을 날려 보내지 않고 영원히 기억할 거야. 내가 다시 행복해질 때까지 아니 사랑할 때까지.

이별 2

우리 이렇게 살아온 많은 추억 그리고 너와 함께한 나의 마음 이 모든 것이 내가 없어져도 나의 마음에 남아 있을 거야. 비록 내가 없어도 나와 함께한 너에 대한 나의 생각은 항상 나와 함께 있을 거야. 비록 우리가 지금 헤어지더라도 나를 만나면 다시 태어날 수 있다면 어떤 상황에서 만나도 행복하게 살았으면 해. 안녕!

자신을 사랑하는 자

사랑을 했다. 나를 잘 알지 못하는 시기에. 때문에 실패했다. 하지만 그는 알지 못할 것이다. 내가 사랑했다는 것을. 아직도 난 나에 대해 완벽하게 알지 못한다. 아직 사랑하지 말아야겠다. 다른 사람을 위해. 하지만 사랑을 하면 나 자신을 잘 알게 될지도 모르겠다.

냉장고

아침에 일어나 너의 문을 열면
환한 불빛으로 나를 반기며 가슴을 시원하게 만든다.
허기진 마음에 하루를 보내고 너에게 달려간다.
너에게 들어가고 싶지만 그럴 수 없고 서성이는 나

공허한 몸과 마음을 이끌고 쉽게 들어갈 수 없는 너에게 다가간다.
머리, 손, 팔, 가슴
채워진 몸에 여전한 마음이 기대어 잠든다.

무엇이 채워져 있는지
항상 채워 줄 수 있는지 모른 채
누구나 크고 아름다운 너를 찾는다.
자신과 꼭 맞는 것은 따로 있음을 깨닫는 시간은 길지 않다.

거리에서 익숙한 향기를 맡으며 생각한다.
자신의 향기가 아닌 도움의 향기를 가진 너
너와 가까이할수록 나의 모습은 변하고
들어갈 수 없고 문을 열 수 없는 너보다 불빛으로 나를 반기는 너의
앞에 선다.

벚꽃

햇살의 따스함 속에서
오후의 나른함 속에서
몸을 흔들며 옷을 벗어
추억을 날려 보내는 너

날아간 추억은
나에게 다가와
나의
추억이 되고 다른 이에게 옮겨 다른
추억이 된다.

계절을 타고
하늘에서 하늘거리는
추억은
조용히 사라지는
당신 속에서 눈이 감긴다.

메아리

사랑합니다. 사랑합니다.
한없이 외쳐 봅니다.
보고 싶습니다. 보고 싶습니다.
한없이 울먹입니다.
미안합니다. 미안합니다.

하지만
들려오는 소리는
나의 소리뿐

누구도 대답해 주지
않습니다.

언제까지나 언제까지나
항상 혼자입니다.

사람이 사랑을

사람이 사랑을 믿고
사람이 사람을 사랑하고
사람이 사람을 미워하고
사람이 사람을 그리워하고
사람이 사람을 잊어 가고
사람이 사람을 좋아하고
사람이 사람을
사람이 사람을……

사람이 사람을 실망시키고
사람이 사람을 증오하게 하며
사람이 사람을 떠나게 하고
사람이 사람을
사람이 사람을……

사람이 사람을 잊고
사람을 찾아 사람을 사람을……
사람이 사랑을 사랑이 사랑을
사람이 사람을……

점, 선, 면

너만을 생각한다고 너밖에 모른다고 다짐하며 느껴 왔던 삶의 연속들. 그 연속성의 점들 가운데 하나를 꺼내 다시 바라본다. 생각함. 느끼지 못함으로 인해 생각할 수밖에 없었던 나의 모습들. 나는 왜 느끼지 못할까 하며 나의 나 됨을 부끄러워하고 원망했던 점.

삶은 연속되는 것이기에 사진과 같이 떨어져 나온 점은 추억이란 단어로 회상할 수밖에 없어.

점. 점. 점. 점. 점들을 연결하기 위해 점점 나의 순수함에서 멀어져 가고 세상에 버려져 간다.

내가 할 수 있는 것은 없다고 나는 아무것도 모른다고 외치며 버려진 시간들.

언제나 혼자라는 나와 세상은 혼자 사는 것이라는 나.

벗어날 수 없어 벗어나고 싶은, 그러기에 더욱 얽매이게 되는 웃음과 울음의 연속이 아닌 무표정의 연속됨.

떠난 그대

너만을 바라본다
나만이 바라본다

너만을 바라본다
눈을 감는다
너만을 바라본다
떠난다

너만을 바라본다
이미 떠나
너만을 바라본다
누군가 바라본다

너만을 바라본다
모두 떠난다
너만을 바라본다

모두 떠나고 나와 너만 남아
너만을 바라본다
여전히 바라본다

은행나무

그대를 바라보는 나의 사랑

차마 내뱉지 못하고 솟아나지 못한 사랑이
툭 터져 나와
작고 여린 손바닥으로 돋아난다.

시간이 지나며
두텁고 진하고 무성해지는 나의 사랑

바램이 아닌 색다름으로
변질이 아닌 변화로
열매 맺는 사랑

바람에 흔들리고 떨어져
무참히 짓밟히고
결국
사라진다.

떨어지고 사라지는 것은 사랑이 아니다.

뿌리에 남아 있는 사랑은
추억이란 이름으로 다시 돋아난다.

사랑, 연필, 시간

기억하겠다는 나의 마음이
생각보다 먼저 달려가고
나의 몸은 그 기억을 놓지 못하고 간직하고 있다.
놓아줄 수 있다면, 놓지 못한다면.
가만히 있자.
놓으려는 것도 놓지 못하는 것도, 버리려는 것도
모두
지우지 못하는 행동일 뿐.
시간, 그래 시간이 지워 주리라.
하지만 사랑은 버리고 다시 채워지는 것이 아닌
단지, 덮어져 있을 뿐이다.
연필로 꾹꾹 눌러쓰고 지우개로 지워
다시 연필로 쓰기를 반복하는 사랑.

그대 뒷모습

돌아보지 말 걸 그랬어.
고개 숙인 네 모습, 내 모습
돌아보지 말 걸 그랬어.
들썩이는 내 모습, 네 모습

현재가 가장 소중한 순간인데
소중한 시간, 소중한 만남, 사람, 사랑.

돌아보지 말 걸 그랬어.
돌아보면 바뀌는 것도 아닌데…
지금이 무섭다.
무엇을 어떻게 해야 하나?
그냥 묻고 싶다. 듣고 싶다.

돌아보지 말자.

그런 고백

널 바라보지 못하고 눈물만 흘리는 나의 모습을 너는 보고만 있었지. 예전과는 너무나도 다른 너의 모습에 난 놀랄 뿐이야.
나의 마지막이라고 고백했던 시절들, 이젠 모두 지나가 추억 아니 슬픔이 되어 버렸어.
이제는 맘을 열 수 없고 열고 싶지 않아. 두려워.
누군가를 만난다는 것, 사랑할 수도 있다는 것에 마지막이라고 고백한 시간을 거스르는 것 같아서 더욱더 단단해져 가.

이별 3

기다리고 바라보는 일.
이젠 버리고 싶은 일. 나의 생각을
나의 마음을 자연스럽게 편안히 놓아주고 싶다.
편안함이 아닌 자유로움.
놓음으로 편안해질 수 있을까. 다시 놓음에 빠져드는 것은 아닐까

눈물

너를 바라보는 나의 눈 속엔 아쉬움이 아른거리며 아쉬움은 다시 그리움으로 흘러내려 빛나는 보석을 만든다.

허물어질 마음

굳어 버릴 마음이었으면
쉽게 열지 말걸

버려 버리자고
기억하지 말자고

스스로 만들어진
벽

부드러워지지 않는
마음

무엇을 해야 할까
누구를 만나야 할까

가장 힘든 일

나에게

세상에서 가장 힘든 일은 나를 바라보고 있는 그대를 느끼는 일.

세상에서 가장 힘든 일은 그런 그대에게 다가가지 못하고 내 안의 나에게서 빠져나오지 못하는 일

세상에서 가장 힘든 일은 나를 뿌리치고 다가간 그대와 함께하는 일

세상에서 가장 힘든 일…

그대와 나와의 관계, 그리고 나의 모습

비에 젖는 사랑, 인연, 삶

많은 사람이 이야기하는 시간과 거리로 멀어진다는 이야기가 나에게도 다가옴을 느껴요.
당신과 나 사이에 대롱대롱 매달려 가는 거리, 그리고 그 거리를 더욱 무겁게 하는 시간, 낯설음.
이젠 끊어질 시간인가요.
아니, 끊어질 수밖에 없는 무게로 더 이상 나아갈 수 없나요.
맑게 갠 하늘에 따사로운 사랑으로 우리의 이어짐을 계속할 수 없나요. 사랑의 부질없음을 생각해요. 이런 사랑 여러 번 반복하며 해가 돌아가도록 다가가는 것은 그것이 사랑이고 나는 또 우리는 사람이기 때문이겠지요.

그대

순간 스쳐져 떠오르게 하는 머리
떠올리면 떨리는 가슴
부르려 하면 울먹이는 입술
생각보다 먼저 부딪히는 몸
달리고 달려 멀어지고 멀어지지만
삶은 현실로 모든 것은 그 자리

정류장

누군가에게는 떠나기 위한 곳이지만 누군가에게는 머물기 위해 도착하는 곳.
당신에게 나는 어떤 정류장인가요?

그대에게 부는 바람

바람에 바람을 담아 보낸다. 그냥 알아줬으면…

사랑한다 말하지 못하고 대신 주었던 시간, 비껴가듯 나타내지도 못했던 마음, 지금이라도 다정하게 불러 보고 싶은 이름, 잠들지 못하는 나의 모습.

헤어짐

그대 떠나고
눈앞의 점이 되어

바람이 불고
흔들려 사라진 줄 알았지만

어느새 마음속에서
점은 뿌리가 되었다.

슬픔 깊은 나무

세상의 모든 고통, 모든 아픔들은 내가 만드는 것이라고 모든 슬픔, 그리움은 내가 만드는 것이라고 마음속에 다짐해 보지만 변하지 않아. 나의 마음은 굳어져 아름다움은 싹트지 못하지만 슬픔은 자꾸만 뿌리 내려 가. 슬픔의 뿌리를 잘 내리고 가꾸어 나간다면 기쁨이 열매 맺을 수 있을까? 세상의 모든 슬픔을 가진 나, 세상의 단 한 가지 그리움을 가진 나.

추억

눈에 희미하게 아른거리는 너
입술이 기억하는 너의 향기

귀를 울리는 너의 입술
코를 울리는 나의 눈물

모든 것은 마음으로
기억은 머리로
치유되는 것은 마음
고통받는 것은 머리

그리움 1

오늘도 당신을 생각합니다. 볼 수 없기에 더욱 생각나는 것들이 있습니다. 어린 시절을 함께했던 나의 친구들, 나와 놀던 강아지 그리고…

당신.

그리움이란 단어는 참 마음을 여리게 만드는 것만 같네요. 추억이란 당신을 생각하는 것만으로 내 마음이 만족하지 못해 당신의 사진을 바라봅니다.

당신의 모습 하나하나를 생각하는 만큼 당신의 모습을 그리워하며 바라봅니다.

사진 속의 당신 모습을 바라보며 더욱 그리워합니다.

당신, 당신과 함께했던 시간, 당신과 이야기했던 일들이 자꾸만 머리에 맴도는 이유는 무엇일까요. 지금쯤 무엇을 하고 무슨 생각을 하고 있을지.

나의 모습을 나와 같이 그리워하고 있는 것은 아닐지…

보고 싶습니다. 당신의 모습. 당신의 웃음.

그리움 2

오랜 기억 속에서 사라지지 않고 자리 잡았던 오래된 나의 그리움들이 서서히 일어나. 그리움의 기억들이 너로 인해 기억나고 나의 눈엔 뜨거움이 나의 마음엔 한숨과 안타까움이 펼쳐져. 어쩌면, 어쩌면 나의 방황들 가운데 내가 자리 잡을 수 있는 곳은 네가 아닐까. 왜 자꾸만 널 기억하고 생각나게 되는 걸까. 머리는 내가 조종할 수 있는 것이라고 자신 있게 생각하고 자부하고 살았는데… 누군가를 그리워한다는 것. 정말 내가 사랑하는, 사랑했던, 사랑할 수 있는 사람은 있는 걸까? 내 마음의 문제인지 내 생활의 문제인지 결정할 수 없어. 너의 전화를 받고 긴장하는 것은 나의 마음속에 네가 남아 있기 때문이겠지. 널 잡지 못하고 지나간 후 다른 사람들을 스쳐 갔던 시간… 슬픈 아픔들. 서로에게 솔직했어야 하는 시간들은 벌써 지나고, 후회와 그리움들의 시간만을 보내는 나.

조용히 기다려 보자

삶은 언제나 나에게 기다려라, 더 기다리라 속삭이네.
기다리고 싶지 않은
나의 마음은
그 속삭임에 귀 기울이지 못하고
나를 보라,
나를 보라 소리쳐

기다리고 싶지 않아
기다리는 일이란 나에게
당신을 잊어 가는 일,
삶을 잃어 가는 일

공중전화

길 건너의
네모난 상자에서
그를 만나 귀 기울여
웃고
아쉬워하고
후회하고
울었던 그때

얼마나 붙잡고 있고
붙잡고 싶었는지

이제는 멀어지고
잊혀 가는
그 시절의 나
그

그리움 3

언제나 떨리는 마음을 심호흡으로 가다듬곤 하며 떨리는 음성과 몸을 다시금 바로잡곤 하지.
무엇인가 잘못되어 가는 기분으로 바라보며 나의 모습을, 마음을 굳혀 가. 굳어 가는 마음이 딱딱한 마음이 누군가에 의해 산산조각 나 버릴지도 모른다는 생각으로 더욱더 단단하게 만들어 버리는지도 몰라. 마음을 녹여 부드럽게 만들면 그곳에서 모든 걸 튕겨 버리지 않겠지?
모든 것을 받아들이고 같이할 수 있는 마음. 닫히고 굳어 가는 마음이 변할 길 없네.
정말로 사람이란 알아 가기 힘들고 알아 갈 수도 없는 존재인 것만 같아.
멀리 있는 사람이 아니라 나 자신을 바라볼 수만이라도 있다면…
어쩌면 나의 변하는 아니 변할 수밖에 없는 이 모습이 너에게로부터 시작되었을지도 모른다는 생각에 다시 한번 긴 숨을 내뱉는다. 혼자이겠다는 다짐을 한 이후에 주위에서의 환경이 그것을 깨져 버리게 만들 것 같아 두려워. 나의 마음이 변할까 봐 더욱더 두려워져 가.
슬픔이라고 해야 할까? 아니면 아픔?
두 단어의 많은 차이는 없는 것 같네. 아파서 슬프거나 슬퍼서 아프거나.
계속되는 긴장과 다짐, 그리고 후회의 연속된 삶 속에서 얼마의 시간이 지나야 할까?
'그래, 이 정도면 됐어. 이제 그만 놓아도 괜찮아.' 하고 이야기하고 생각할 수 있는 시간이 빨리 다가왔으면 좋겠다.

모두 다 아프지만 슬프지 않고 멋진 모습으로 변할 날이 다가오겠지.

언젠가 그 어느 때처럼 서로에게…

사과

보고 싶다. 보고 싶어.

너의 모습이 자꾸만 머리에 눈앞에 떠올라 사라지지 않아. 마음에 새겨져 사라지지 않아. 나의 생활의 너무 많은 곳에 자리 잡아 버렸어. 예전의 나의 모습은 이렇지 않았는데 너를 바라보고, 함께하며 나는 나의 모습을 잃어 가고 너에게 달려가고 있어. 닿을 수 없고, 다가갈 수 없지만 느끼고 싶고, 느낄 수 있어.

너에게 가고 싶어. 너와 함께이고 싶어. 이런 나의 마음, 너는 느끼고 있니?

누군가는 이야기하지. 어딘가를 바라보고 있으면 나에게 다가오는 것을 알 수 없다고, 그래서 지나쳐 가게 된다고. 하지만 너를 잡을 수만 있다면 세상의 모든 것을 스쳐 지나가도 느낄 수 없어도 할 수 있어.

보고 싶다. 보고 싶어.

나의 옆에서 즐겁게 웃으며, 노래 부르고, 음식을 즐기고 행복해하던 모습.

다시 볼 수 있겠지. 다시 함께할 수 있겠지.

미안해. 이런 나의 모습을 이해해 줘. 부탁해.

그리움 4

누군가를 그리워하고 사랑하는 일, 떠올리는 일들이 사람이면 어쩔 수 없는 일이지만 지금 이 시간 그 모든 것들이 부질없음을 생각하게 되는 것은 무엇 때문일까요?
당신을 그리워하던 지난 시간들을 돌아봅니다. 보이나요, 나의 모습이. 당신도 느낄 수 있나요?

깊은 밤

눈 내리는 밤
한 걸음 밟으면
유리창에 기억을 남긴다.
거울을 닦아 나를 바라보고
너의 몸을 기억하기 위해
또 한 걸음
책장을 한 장 넘기면
기억은 추억이 되어
후회로 돌아온다

못

내 마음에 박혀 있는 못

당신이 남겨 놓은 그것을 뽑지 못하고
시간이 지나 녹슬고 구부러졌지만

추억을 하나씩 걸어 봅니다.

봄

계절은 돌아 다시 봄.
나의 마음과 삶은 제자리. 그 자리
움직일 수 없는 마음. 피하지 못하는 삶.
어쩔 수 없는 당신을 향한 마음.
발버둥 치지만 여전한 나의 삶

비

비가 오는 오늘.
그대 올 것 같아, 당신이 오고 있는 것 같아
또 기다립니다.
비가 내리고
모든 것이 차분해지는 오늘.
그대 기다리는 마음이 가라앉지 않네요.

그대라는 이름을 불러 봅니다.
오는 길 헤매지 않도록 불러 봅니다.
기다리는 마음에 불러 봅니다.
숨겨 두었던 그대
비가 자라나게 만드네요.
뻔한 것임을 알고 있지만
여전히
나지막이
불러 봅니다.

감기

정말 지독한 감기에 걸렸다. 한 달이 넘는 동안 기침이 사라지지 않는다. 당신을 그리워하는 열병에 걸린 걸까? 당신을 향한 그리움을 토해 내며 계속 기침하는 나. 이 감기에서 도망가면 그리움도 사라질까?

그리움 5

여전히 당신이 떠올라. 하지만 다행이야.

이젠 가끔인 것이.

다행이야, 아직 잊히지 않아서

마음의 노크

여전히 나에게 찾아와
두드려 소리를 내.
둥둥 쿵쿵
빈 수레가 요란하다는 말,
빈 마음은 더 요동치는 법

분명 네가 찾아오는 것은 아닐 텐데
내 안의 네가 불쑥 나타난 게야.

가만히

내일을 얼마 남기지 않은 지금, 책상 앞에 가만히 앉아 있습니다.

당신이 생각나서도 아니요,

그리움에 지쳐서도 아닙니다.

당신에 대한 나 자신을 계산해 보는 것도 아닙니다.

물론 당신의 노래가 기억나는 것도 아니죠.

당신의 얼굴이 떠오르진 않아요.

그냥, 당신이 아닌 다른 이유로 가만히 앉아 있게 됩니다.

세상의 오만 가지 이유가 있지만 당신 때문은 아닙니다.

이제 곧 잠들겠죠.

당신이 아닌 나의 피곤함으로 인해 잠들게 되겠죠.

결국은 나 때문입니다. 당신이 아닌 나 때문이죠.

가을의 명상

시원한
아니
찬 바람이 불고
나의 마음을 흔드는 계절이 오네요

꺾이는 계절에
넘어가는 해
그리고

잦아드는 햇살 사이로
떠오르는 무언가가
나의 마음을 잔잔히 흔들어요

시간이 흐르고
해가 넘어가며
삶의 한 언덕을 넘어가지만

나에겐 꺾이지 않는
무엇인가
누군가 있습니다

사라지지 않는 것이
두렵고
아쉽네요

당신과 맞닿았던
순간
난 무엇이 그리 중요했던가요

당신과 여유롭게
시간 보내지 못하고
커피 한잔 마시지 못했네요

삶은 후회의 연속임을
이 가을 다시 느끼고
마음속에
두드려 옵니다

우리, 바다

맞아.

그때의 우린 바다와 같았어.

겉모습은 파도와 같이 살아 있었지만

깊은 곳은 조용히 너무나 조용했어.

서로에게 움직였을까? 다가가고 있었을까?

지금의 우리도 바다와 같아.

조금 더 멀리 가서 겉모습은 조용하고 잔잔하지만

깊은 곳에서 서로를 향해 빠르게 달려가고 있어.

아직도 여전히 움직이고 있어.

파도 위로 올라가

조용히 마음을 두드리다

이내 곧 깊은 곳으로 숨어 쿵쾅거리지.